딸아,
고마워
사랑해

변순옥 시집

시인의 말

시를 쓰고 있는 나에게

중증 발달장애인 딸이 묻는다

엄마 뭐 하세요?

응,
시 쓰고 있어
엄마가 시집 낼 거야

핑크빛 볼에 미소가 피어난다

엄마 예쁘죠?
응, 예뻐
엄마가 걱정되나 보다
엄마 괜찮아요?

엄마를 토닥인다

엄마 힘 내세요

엄마 사랑해요

서른다섯 살 딸은
하고 싶은 것이 많다

하느님이 내게
딸을 안겨주시며
물어보셨던 것을

이제야 시를 통해 답한다

딸아,
고마워

나와 함께한 35년
하늘만큼 땅만큼 바다만큼
사랑해

2025년 5월
   변순옥

차례

1부

꼬꼬지 앨범 12
만석공원 13
초록 눈망울 14
흔적 15
사랑의 고리 16
소리에 갇히다 17
사랑의 멜로디 18
갈매기 19
눈물 꽃 20
돌침대 21
보문호수 22
가보지 못한 길 23
시가 시조를 읊다 24
독백 25

차례

2부

고백	28
여수항	29
김장	30
춤 속을 걷다	31
까치밥	32
구릿빛 반지	33
딸아, 고마워 사랑해	34
등대	35
군고구마	36
불청객	37
조약돌 이야기	38
늙은 호박	39
행복의 궁전이 바로 여기	40
새알이 사라졌다	41

차례

3부

겨울 축제	44
군밤	45
새해	46
겨울 산	47
살눈	48
석양	49
두통	50
북어	51
까치집	52
그믐달 꼬리를 감추다	53
휴식	54
봄은 온다	55
버들강아지	56
도시농부	57

차례

4부

뒷모습	60
빈틈	61
촛불	62
국어사전	63
지문	64
가는 봄	65
누룽지	66
라면 한 그릇	67
봄비	68
천일염	69
불사조	70
꺼지지 않는 별	71
쥐똥나무	72
침묵의 공간	73

차례

5부

영혼의 울림	76
가로수가 소리친다	77
깨어있기	78
나무와 바람	79
솟대	80
강가에서	81
영흥 수목원	82
모서리	83
구름을 읽다	84
별밤	85
떠난 자리	86
꽃물	87
별 꿈	88
반달	89

차례

6부

아버지의 기억	92
산다는 것은	94
반려 고양이	95
나그네, 시곗바늘인가	96
동화 속 사랑	98
일몰	100
고향집	101
초승달	102
경동시장	103
알 듯 모를 듯	104
자화상	105
버려진 의자	106
비 오는 날	108
시가 구름 되다	109

1부

꼬꼬지 앨범

하늘 가신
어머니 사진 한 장

유리 속
웃고 있다

보고 싶은 마음에
꼬꼬지* 앨범 들추다가
찾아낸
새색시 얼굴

고운 한복 입고
목련처럼 활짝 웃네

* 아주 오랜 옛날을 뜻하는 우리말

만석공원

친구들과
호수길 따라
삼삼오오
발자국을 남긴다

여린 잎으로
피어나는 연꽃의 날개

물그림자 그리며
햇살 뚫고
솟아오른 버드나무

학이 되어 유유히 떠다니는
갈색의 잎들
몸 비비며 편지 쓰고

얼음장 밑
헤엄치는 물고기
햇살 비추면 솟구쳐 오른다
햇살 비추면
솟구쳐 오른다

초록 눈망울

허공을 맴돌던
작은 잠자리 한 마리
살포시 날아와
창틀에 앉는다

왜 혼자일까
주위를 둘러보아도
짝이 없다

가녀린 날개 파닥이며
초록 눈망울 굴린다

더운 바람 지나가고
곱게 물든 단풍
때때옷 자랑하는데

날아가 버리면 어쩌나
숨소리도 멈춘다

흔적

별이 지기 전
흔적을 남겨야 해
나의 손길로
너의 가슴에

사랑은
솜사탕처럼
마냥 달콤한 향기인 줄 알았는데

때로는 그 사랑
서리처럼 차가워
온돌방 아랫목을 찾기도 했지

황금빛 벼 익어가는 들녘에서 바라보면
무지개로 피어나는
옛이야기인가

사랑의 고리

바람부는 언덕에
홀로
서 있을 때

큰 나무로 품어주고

분별력 없는
어린아이 된 딸에게

뜨거운 입김으로
가슴 데워준

가족의 든든한 손길

지워지지 않는
사랑의 고리

소리에 갇히다

소리가
들리지 않아
글로 쓰고
눈으로 말하는 세상

말을 알아들을 수 없지만
손짓하면
고개만 끄덕끄덕

답답해 귀에 꽂아보지만
웅웅거리기만 하고
허황한 세상의 소리
사라지지 않는다

삼켜지지 않는
가시 말
허공에 토해내고
그린나래* 펼친다

* 그린 듯이 아름다운 날개를 뜻하는 우리말

사랑의 멜로디

온 누리
비추던 해
밤바다가 품는다

수평선 맞닿은
하늘
온통 붉은 광장

짙푸른 바다 위에
살포시 내려앉는다

비우는 것이 채우는 것이다
떠나는 것이 만나는 것이다

시린 가슴속
파고드는 파도 소리
깊어 가는데

맨발로 해변을 거닐며
사랑의 멜로디 듣는다

갈매기

따듯한 햇살 품은
부드러운 모래사장

갈매기 떼 모여 있다

날개를 접고
파도 소리 들으며

목 움츠려
미동도 하지 않고
깊은 잠에 빠져 있다

꼬마 녀석
쉬고 있는 갈매기 잡으려
은빛 모래 날리며
오선지 위에 음표 그린다

꿀잠 자다 말고
꾸룩꾸룩 소리치며
바다 위로 날아간다

눈물 꽃

아비의
슬프디 슬픈
죽음 앞에

한없이 나약하기만 했던
아들의
흐느낌

천년만년 기리는
화성 행궁 되었네

뒤주에 갇혀

느린 걸음 아들 뒤로하고
이승을 떠나야 했던
어둠 속

누구를 기다리다
잠들었을까

모진 바람 휘몰아쳤던
성곽 그늘 아래
눈물 꽃 피었네

돌침대

정원이 보이는 창가
찬바람 날아들어

움츠리며
아랫목 찾으면
구들장 같은
뜨끈뜨끈한 돌침대

상상의 나래 펴보면
이야기꽃 피어난다

설렌 가슴 토닥이며
꿈꾸던 하늘 날아가고파

산등성에 올라
소리치고 싶지만

마음 내려놓고

이불 덮고
등 따슨
하루를 낚고프다

보문호수

초록이 무성한
나무숲 사이

잔잔하게 흐르는 물결

나뭇잎 떨어져
물 위에 떠다니고

얼굴 내민 물고기
하늘 향해 솟아오르면

천국의 마당인가
풍덩풍덩
빠져보고 싶다

가보지 못한 길

초록 비 내리는 아침
창을 열고
차 한 잔을 마신다

맞벌이 40년
수레바퀴 멈추지 않고
숨 가쁘게 살았던 날들
굴레 속에 얽매어 뒹군다

정년을 맞고
바람에 날려 보냈던 일
구름에 숨겨둔 길

조용히 헤쳐 보며
가보지 못한 길
걸어볼까

시가 시조를 읊다

짙푸른
가로수들
옷을 벗는다

바람결에 떨어지는 잎새들
쓸어 담으며
때 묻지 않은 사연 모은다

콩새 한 마리
마당에 내려앉아
모이 찾아 두리번거리면

테라스에 날아든
낙엽에
시를 짓고

가지를 다 드러낸
나무에
시조를 읊는다

독백

살
다
보
면

때로는 독백이 필요해

고생 많았지
머리를 쓸어 넘기며
희뿌연 안개 속
사랑이란 글자를 새긴다

가슴이 쓰리고
얼굴이 붉으락 푸르락 해도

맛깔난 식탁 만들어
괜찮아 괜찮아

심장 토닥이며
그냥 웃지요

2부

고백

장미꽃
한 송이 들고
에메랄드처럼 반짝이는 눈길로
그윽하게 바라보던 날

꽃들이 활짝 웃는 정원
가꾸자던
푸른 날의 맹세

숱한 사연들
포도나무 송이처럼
알알이 맺혀지고

사십여 년 지나 일궈낸
그날의 목소리
다시 들을 수 있을까

가목들은
하나
둘

눈발에 휘날리는데

여수항

지평선 멀리
하늘과 바다
단풍으로 물들고

늦가을 단풍
병풍 되어 물들고

통통배
물이랑 만들며 지나가면

등대가 비치는 파도 위
태양이 빙그레 웃는다

가랑잎 날아들어
물이랑 만든 항구

만선의 노래 부르는
어부
땀방울 흐른다

김장

손길 모아 키워낸
짙푸른 날개들

옥수물에 씻기고
소금에 절여

색바랜 잎 걷어내고
노란 속 배추에
양념 듬뿍 색칠하면

빨간 색동 옷 입은 몸
맵시도 곱다

한겨울 입맛 돋게
변장한 모습에
침을 삼킨다

춤 속을 걷다

리듬에 발맞추어 몸을 흔든다

기억들이
손과 팔에 매달려
흐느적거리면
눈물의 서곡이 된다

떠난 날의 그림자

때론
혼자였고

때론
가슴 저몄던

그
날
들

춤을 추면 사라질까
춤 속을 걷는다

까치밥

바람 맞고
눈 맞은
감나무 앙상한 가지에

볼 붉히며 가만히 앉아
누군가를 기다린다

일 년을
새싹 틔우고
꽃 피워
푸른 빛 뽐내더니

날아든 까치에게
제 몸 내어주며
보시의 날개를 펼친다

구릿빛 반지

한평생 버무린 얼룩
닳고 닳아
휘어지고

팔십 언저리 세월
군데군데
패인 흔적

황금빛 쌍가락지
구릿빛으로
익어가면

흰 물새 날아들어
반지 물어 갈까

조바심에
손가락 여미며
눈빛으로 꾸짖는다

딸아, 고마워 사랑해

별도
달도

태양도
지지 않는데

사람은
영원의 하늘
되지 못할까

딸아,
고마워
사랑해

등대

안개 속 가물가물 보이는
남일대 바다

돌아가신
어머니

사립문 앞
남포등 들고 서 계신다

행여 다칠세라
치마폭에 안아주던

주름진 손

어머니가 세워 놓은
수호신인가

군고구마

찬 서리 내리면
불타는 장작에
고구마 올려놓고

빠알갛게
추억이 익어간다

코끝을 간질이는 구수한 냄새
사랑도 익고
꿈도 익는다

군침 삼키며 기다리다
잘 익은 껍질 벗기면
노릇노릇 황금빛 속살 드러나고

도란도란 모여 앉아
겨울 노래 피어난다

불청객

두 아이 키우며
맞벌이하던
세월의 쌍곡선

콜록거리면
기침할까
솜이불 덮어주며

잘 자거라 토닥토닥
자장가 불러주면

얼음 바람 따라 들어왔던 불청객
놀란 토끼 되어 도망가고

새록새록 숨소리 들리면

창문 틈 창호지 바르며
후유 한숨 내쉰다

조약돌 이야기

뜨거운 여름
노을이 하늘 그림 그릴 때

강가에 널브러진 조약돌
까르르 까르르 뒹굴면
주머니마다 불룩불룩 집어넣는다

몇십 년 지나
이사할 때도
방구석 여기저기 구르더니

떠나온 곳 갈까 봐
화단에 줄지어 세워두면
저마다 올망졸망 두 눈 뜨고
바라보고 있다

그렇지
강가
우리의 추억
이야기 하고픈가 봐

늙은 호박

담장 위
긴 줄 늘어뜨리고
안간힘 쓰며 매달려

할머니 굵은 주름 같은
두터운 얼굴로
삐죽이 내보이며

별일 없지
미소 지으며
보고 있다

덩실덩실 달덩이같이 살아라
둥글둥글 항아리처럼 살아라

그 세월 지나면
금빛 행복이
넝쿨째 굴러들어 온다고

행복의 궁전이 바로 여기

기말시험 끝나고
친구들과 들렀던 청파동 주점
지갑이 너덜거려
어묵 국물에 소주 한잔 마시며
저녁이 익어갔지

숨 가쁜 일터 나와
찾았던 종로 거리
어깨를 비비며 거닐다가
비닐 포장 열고 들어가면
고단한 생채기 아물어갔지

먼 후일 아이들 잠재우고
동네 어귀 유리문 열고 들어가
꼼장어 구워놓고
막걸리 한잔 크으

성냥갑 아파트 바라보며
살아온 날 더듬다 보면서
편지를 쓴다

행복의 궁전이 바로 여기

새알이 사라졌다

김만중이 어머니께 들려주던
구운몽 이야기 들으며

살아가는 애틋한 사연들
가마솥에 쏟아 넣고

새알 몇 개 먹었나 세다 보면
별이 지는 줄 모르고

꼬박 새운
동짓날

긴

밤

새알이 사라졌다

3부

겨울 축제

가로등 불빛 사이로
하얀 나비 떼
춤을 추며 내린다

겨울의 축제인가
준비도 없이 펼쳐진
눈밭

가만히
귀 기울여 보면
아무 소리 들리지 않는데

땅도
하늘도
솜이불 덮고
숨죽여 엿본다

군밤

낙엽 위로
밤알
툭툭
떨어지면

바구니에 가득 담아
시렁 위에 올려놓았다가

찬바람 불고
함박눈 내리는 날
연탄불에
줄 세워 놓으면

타닥타닥
익어가는
소리

간이역에서 들려오는
기적소리인가

새해

땅이 열리고
빛과 어둠
수레바퀴 되고

살아가는 이야기

바름과 그름
웃음과 울음
채색된 날들이건만

지평선 끝
또다시
빨갛게 떠오른 태양

힘들고 아픈 날의
무거운 짐 벗고

새 그림 그리라고
하늘 운동장 펼쳐 놓았지만

무엇으로 그릴까
머리만 갸우뚱

겨울 산

인적 드문 숲속

알록달록 차려입은 옷 벗고
앙상한 뼈대 사이

살금살금
목화솜 동산 만들더니

숨 가쁘게 달려온 시간
힘들었을까

말없이 쉬고 있다

살눈

흐린 하늘 살포시 열고
새벽을 깨우는
살눈

커튼을 여니
작은 소나무 가지에
살그머니 내려앉아
눈꽃 동산 되어 반긴다

행여
바람에 흩어질까

몰래 찾아든
햇살 시샘할까

조바심에
눈 흘기며
엉겨 붙는다

석양

해 질 무렵
유리창 사이로
슬머시 다가오는
붉은 실크

조용히
수줍게
웅크리고 앉아
방안을 엿본다

유혹의 몸짓인가
잡으려 하면
저만치 달아나 버리는
얄미운 실루엣

두통

살아가는 여정에
욕심부리고
집착하다 보면
머리가 아프다

몇 날 며칠을
이마에 수건 두르고
무엇이 문제인가
끙끙 앓지만

풀려지지 않고
자꾸만 옭아매어지는 끄나풀

이리저리 둘러보다

옳아,
너무 큰 그릇만 찾았구나

북어

엄동설한
서릿발 선 마당

살 에이고
뼈를 깎아도
움츠리지 않고 꿋꿋하게
매서운 칼바람 맞는다

파수꾼처럼 서서
어디 한번
누가 이기나

더 맛있게
더 쫄깃하게 해줄텐데

사람의 입속
훤히
들여다보는구나

까치집

찬바람
눈보라에
어깨를 잔뜩 움츠리고 있는데

깟깟깟
놀리듯 웃어 댄다

옷 벗은
나뭇가지 사이로
부리를 연신 쪼아대며
신바람 났다

새끼들 다칠까
조심조심 발자욱 옮기며
집을 짓는다

태풍이 불어도
눈 폭탄이 내려도
끄떡없는
나무 위의 둥지

콘크리트 옹벽보다 튼튼하다

그믐달 꼬리를 감추다

몸 불린 보름달
어느 날 반쪽이더니

깜깜한 하늘에
쌍꺼풀 눈으로
슬그머니 서 있다

비우고 비워
솜털같이 가벼워야
어둠 속 헤치고
우주로 나아 갈 텐데

떠나지 못해 몸만 여위더니
어느새
새털처럼 가볍게 날아오른다

꼬리를 감추었나

휴식

누워
하늘 바라보며

두 팔 벌리고
두 다리 쭉 뻗고

주머니 속 다 비워내고
머릿속 다 비워내고

사랑도
눈물도
웃음도
다 비워내
말 없는 공간

휴식이 필요해

누구도
빈 의자 치우지 못한다며

까치도
조용히 지켜보고 있다

봄은 온다

속삭이는 바람 소리 따라
움츠린 어깨 위에
따사롭게 얹혀있는 햇살

철쭉꽃 봉오리 펼칠까 봐
눈꽃들 웅크리고 앉아
떠나지 않는데
땅을 여는 소리 들린다

얼었던 나뭇가지 기지개 켜고
덤불 사이 숨어 있던 달래
잎새 펼치면
냉이도 질 새라 살그머니 고개 내민다

향기 속
봄바람 기지개 펴면
놀란 고드름 후두둑 떨어지고

얼음 옷 벗어 던진 시냇물
졸 졸 졸 소리치면
사립문 활짝 열고 들어온
아지랑이 하늘하늘 춤춘다

버들강아지

손님 오신다는 소식에
버들강아지
맨발로 뛰어나와 반긴다

급한 마음에
잎보다 먼저 작은 손 내밀고
꽃망울 터트리며
길목에 서 있다

채,
떠나지 않은 봄눈과 어깨동무하며
아가 피부 같은
뽀얀 솜털 날린다

살랑살랑 가지 흔들며
연지 곤지 찍은
버들강아지
눈웃음치며 손짓한다

도시농부

봄비가
터질듯한 꽃대에 앉아
입맞춤하며 속삭인다

매섭던 추위 지나가고
봄바람에 몸 녹인다고

차갑게 얼었던 땅
단물로 적셔주며

흙들이 뽀글뽀글 기지개 켜고
새싹 키울 준비에 바쁘다

겨우내 쌓아두었던 들깨 털고
농사지을 밭이랑 고르며
분주하게 오가는

농부의 입
귀에 걸렸네

4부

뒷모습

그대 뒤에 있는
나를 봅니다

햇살 없는 숲속 길
어둡고 답답한데

앞서가는
그대 뒷모습
그림자 되어 따라갑니다

가시에 찔려 피가 나도
허리가 구부러져
일어나지 못해도

그대
등 뒤에 있으면
세상이 모두
편안해 집니다

빈틈

벽 사이
구멍 사이
보이는 것도 없는데
무엇이 보일까
실눈 뜨고 바라보면

컴컴한 어둠 속
길 잃은 개미 한 마리
어디론가 가고 있다

손가락 물릴까
더럭 겁이 나
움츠리며 노려보는데

고개 빳빳이 쳐든
대왕 거미 한 마리

앗!
훔쳐보지 마

촛불

파도 소리에 부서지는
허연 포말 바라보며
일렁이는 가슴 부여안고

해안선 따라
지평선 바라볼 때

우뚝 서 있는 등대
설핏 보이는 뒷모습

무명 적삼 차려입고
서 계시는
어머니의 모습

보고 싶은 사람 기다리는
그리운 설렘
한겨울 바닷바람 춥지 않네

깊고 포근한
사랑
꺼지지 않는 촛불이다

국어사전

책갈피 안
문자로 쓰인 세계지도

해가 뜨고 지듯
초승달이 그믐달 되듯
깊은 사연 풀어내는 말의 창고

그 안

햇살 따스한 봄
불타는 영혼의 여름

낙엽에 잠든 쓸쓸한 가을
새하얀 동화와 전설

겹겹이 쌓인 언어들

세상을
그려낼 수 있는
생명의 밀알이
줄 서서 기다린다

지문

살다 보니
슬그머니 사라진 지문

한 손가락이 아닌
열 개 손가락
지문 인식을 반복해 본다

어디로 갔을까
동서남북 이동하며 찾아보아도
찍혀지지 않는다

불사른 생활의 열정
삶의 열차 되어

거북처럼
때론 번개처럼
살아왔다고 하지만

시간은 머물지 않고
멀리 도망치려 해

행여 지문이 살아날까
연신 손끝만 만지작거린다

가는 봄

고개 내밀은 새싹들이
햇볕에 옹기종기 모여
날개를 펴면

진달래
개나리꽃
활짝 웃는다

푸른 잎
성큼 피어나면

놀라
도망가는
봄

누룽지

누룽지를 좋아하는
그,

단골 식당 가는 날이면

술에 취한 귀갓길
손끝에 대롱대롱 매달린
검정 비닐봉지에
누런 밥 가득하다

선반 위에 두고
며칠 동안 바라보며
따사로운 눈길 보낸다

딱딱한 것이
씹을수록 고소하고
맛이 난다

밥맛 없는 아침
누룽지 끓어 갈 때

구수하고 부드러운 목소리
엷은 미소 번진다

라면 한 그릇

라면을 끓인다

정 사각 면을 반으로 쪼개고
양념 봉지 뜯고
달걀 파 송송 썰어
노란 양은 냄비에 넣으면

몸을 풀며
뜨겁게 익어갈 때
묵은김치 맛깔스럽게 써는 선배의 손길

쟁반 위에 오르면
눈망울 굴리면서
하하 호호
그릇에 넘쳐나고

라면 한 그릇 먹고
국물에 밥 말아 먹으며
청춘의 꿈 날개 달았던
점심시간

다시 오려나

봄비

갈증으로 목이 탈 때
목마름 씻어주는
단물

누군가 보고파 가슴 조일 때
시린 가슴 녹여주는
다정한
선물

겨우내 얼어붙은 몸
뜨거운 물로 씻어주는
보물

천일염

길고 긴 시간 속
간수를 내보내고

인고의 세월 속
마음을 정갈하게

세상에 빛 밝히며
타 오른다

배고팠던
그 시절 기억 속

기다리며 버티게 해 준
옹골찬 결정체

삶의 여정에
감로처럼 살아있는

불사조

어릴 적
베갯머리
맞대어 속삭이고

출산 후
깨지 않는
머리맡 지키시던

어머니 얼굴
사무치게 아리다

소리쳐
애타게 불러도 닿지 않고

밤새워
추억 속에 빠져도 끝이 없고

평생을
그려도 지워지지 않는
불사조

꺼지지 않는 별

첫울음의
함성
핏줄로 이어져

부모와 자식으로
대대손손 연을 맺고

애틋해
눈에 넣어도
아파하지 않는다

세월이 흘러
푸른 나무 되어

어버이를 지키는
길가의 가로등
불꽃 혼

꺼지지 않는 별이다

쥐똥나무

산책길
수수한 듯 아닌 듯
가녀린 몸으로 수줍게 서서

초록 잎
쥐똥나무
살랑살랑 흔들리면

바람에
그윽한
꽃 향

내 마음 뺏는다

침묵의 공간

콘크리트 성냥갑 같아
누구도 쉽게 접근하지 못하는
소도인가

세상 사는 이야기
모두 갇히고

한 지붕 콘크리트
사각에 갇혀
웅크린 인간들

우울도 웃음도
들을 수 없는
닫혀있는 공간

저마다의
하소연 듣지 못하고

허물고 깨부수어도
통하지 않는 공기의 입자

5부

영혼의 울림

천상의 눈물인 듯
땅끝 속 눈물인 듯

속마음 털지 못해
긴 밤 지새울 때

살굿빛 뺨에
흐르는 방울

아픔의 메아리인가
말없는 함성인가

대롱대롱 맺힌
풀잎 이슬처럼
또르르 굴러내리면

가슴을 파고드는 여울물 소리

아파도 소리치지 못하는
영혼의 울림인가

가로수가 소리친다

거리의 빌딩들
스치는 자동차 물결
사연 품고 지나는 사람들

무심히 바라본다

눈비 몰아치고
매서운 폭풍 바람
매연 뿜어대도

묵묵히 끌어안고
수많은 사연
가만히 듣는다

속세의 험한 사연
우듬지에 밀어 올리고

가로등 바라보며

말 좀 해 다오 소리친다

깨어있기

길을 걷다
작은 돌에 넘어지고

폭풍이 몰아치면
말없이 쓰러지고

온밤을
깊은 생각에
뒤척이며 소크라테스를 외친다

행여,
개미라도 밟을까
사뿐히 걷다 보면

새벽 여명이
벽 사이로 비춰 온다

나무와 바람

살며시 다가와
나뭇잎 쓰다듬고

가지마다 살랑살랑
불어넣어

무더위 식혀주며
춤사위 벌인다

보듬고 끌어안으며
넘어질까 붙잡아주고

괜찮아 속삭이며
서로 다정하니

그렇구나
그래
도담도담 살갑게 살자꾸나

솟대

장대에 올라앉아
목청껏 노래 부르며
마을을 둘러본다

산천초목
무섭지 않다

먼 하늘 바라보며
날아갈 모양새로
오롯이 안녕만을
갈구한다

천둥새로 태어나
하늘과
땅
넘나들며 지켜준다

시공간 다 버린
덧없는 세상
못다 한 말들
잠재우려 목청을 세운다

강가에서

시냇물 흘러
강에서 서로 만나

짙푸른 나무들과
벗 되어 어울리고

뿌리를 심연에 묻고
소리 없이 흐른다

왁자지껄 인간 속세
말없이 끌어안고
한 많은 사연 모아

강나루 건너
하늘로
날려 보낸다

영흥 수목원

가랑비
부슬부슬 내리는 오후

우연히 길을 가다 눈에 띈
영흥 수목원

햇볕이 깨울까
이슬 머금은
수목들 모습

발길 지나는 곳마다
묵묵히 바라본다

정원 속
생명의 몸짓 요동치면
움츠린 핏줄에 힘이 솟는다

모서리

벽과 벽
사이에
등을 대고 앉아

맞은편 유리창 밖
풍경을 바라본다

각진 틀
왜 이리 시원한가

둥근 것이 부드럽다
곡선이 부드럽다
수없이 들었지만

눈꺼풀이 스르르
감긴다

각진 등받이가
왜 이리 편안한가

구름을 읽다

공기층
수증기 모아
하늘 위 도화지에 그린 그림

구름 속 응결핵들
모였다 흩어졌다
저마다 살아가는 모습
붓으로 스케치하여

물방울 얼음 결정들
적운 층운 만든다

모양도 각양각색
바람 따라 흐르는데

몸집이 커져 버티기 힘들었나
비 되어 떨어질까
안간힘을 쓰고 있다

별밤

멀고 먼
하늘에서
별들이 쏟아지고

조각 난 마음
부여잡고
떠나가는 별 무리

지난날 회상하며
실바람 따라
밤바다에 떠다닌다

떠난 자리

인적 드문 선산

부모님 떠난 무덤가에
그리움이 쌓여
할미꽃 피어 있다

누구를 기다리나
살그머니 고개 들고

어여오라 어여오라
손짓하는데
발걸음 무겁다

하루가 천리만리길

꽃물

활짝 핀
봉숭아 꽃잎 따다
곱게 빻아

손톱에 올려놓고
모양새 다듬는다

빨갛게 물들어 가며
피어나는 반달 송이

수줍게 드러내는
꽃물 든 손가락

행여나 번질까
밤새워 보살핀다

햇살 떠오르고
실 끈 풀어보니

손가락에
보름달 활짝 피었다

별 꿈

흰 구름
파란 하늘 위 피어나고

잔잔히 흐르는 강물 따라
배들이 떠다니고

너와 나
두 눈 마주 보며 활짝 웃는다

나뭇잎 바람결에
살랑살랑 춤을 추면
먼 산 봉우리
덩달아 기웃기웃

머플러 목에 두르고
손잡고 걸으면
꽃잎들 살래살래 손 흔든다

숲속
초록 잎
꽃 되어 손짓하면

별의 꿈 펼치며
나비 되어 날아가 보자

반달

초승달 채워
상현달로 차오르고

보름달 비워내며
하현달로 기운다

보이지 않는 반쪽
감추려
한 몸 나눠
채울 날 기다린다

세상을 살다 보면
빛과 어둠 나뉘듯
뜨거웠다 차가워지고

반반이 합쳐지면
둥글둥글 굴러가리

6부

아버지의 기억

어머니가 뿔 나
외갓집에 숨으셨다

하늘에서는
슬픈 눈이 펑펑 내렸다

아버지는
어린 동생 등에 업고
내 손 잡고
방을 돌고 도신다

아버지 손은 따뜻한 화로
발바닥은 시려워
까치발

대가족 장손으로
가족 돌보시던
허리 휜
큰 산

제삿날 명절날
현관 입구 들고 나는 신발들
초침처럼 바쁘지만

하얀 밤 지새우며
와자지껄 웃음소리

쇠약한 어머니 팔, 다리 주무르며
지극정성 돌보았지만
하늘 멀리 파랑새 되어 날아가고

손자 손녀 등에 업고
자장가 부르며 눈물 훔치셨다

새싹들 쑥쑥 자라나는 재미
백구두에 중절모 쓰시고
웃는 얼굴로 바라보시던
막내딸 해바라기

꿈속에서도
아낌없이 주는 나무 되셨다

산다는 것은

쓰던 시 멈추고
다시 쓰겠다며
펜을 잡는다

풀리지 않는 문장에
씨앗 뿌리고
김매며
밤을 새웠다

새벽이 밝아오고
잠 못 이룬 시의 언어들
가슴에 뒹구는데

산다는 것은
쓰다 만 시 또 쓰는 것

반려 고양이

싸라기눈인가
가루눈 되어 내려오더니
잿빛 하늘 가리고
펑펑 내린다

창문 밖
소금처럼 쏟아지는
정원 풍경을
바라보는 고양이의 뒷모습

좋아라 뛰어나가
친구들과
눈밭에서 뛰어놀고 싶을까

나그네, 시곗바늘인가

세월의
나침판 위에 서서

가고 싶은 곳
가야만 하는 집시
길 찾아 떠난다

발길 따라
들길 따라
정처 없이 터벅터벅
걷다 보면

돌부리에 걸려 넘어지고
돌아가는 비탈길 들어서면
어지러워 비틀거린다

오갈 데 없는 막다른 길
칠흑같이 어두운
절벽을 뛰어넘는다

시간 따라 세월 가듯
세월 따라 시간 흐르듯

숨 쉬고 있는 날들을
걷고 달리는
나그네,
시곗바늘인가

동화 속 사랑

하늘에서는
목화꽃 눈이 내리고

황금색 둥근 달이
휘영청 길을 밝힌다

부모님 손 꼭 잡고
종종걸음으로 눈밭을 걸어

외갓집 가던
동지섣달 밤

뽀드득뽀드득 눈 밟히는 소리

쟁반 같은 달
활짝 웃고 있는데
토끼 가족 이야기 들려주는
따뜻한 목소리

볼에 스치는 눈송이가
달콤한 솜사탕 되던

동화 속 사랑
삶의 버팀목 되었다

일몰

어둠 뚫고
낮을 하얗게 밝히느라
고단했나

바다의 품에 안겨드는 모습
애처롭다

무심히 바라보았을 때
그 모습
황홀하게 아름다웠는데

문득
쉼의 갈망을 본다

깊고 깊은 밤
뜨거운 몸 식히고

내일이면
해맑은 얼굴로 떠오르겠지

고향집

시간을 거꾸로 매달고
고향집 사립문 향해 달려간다

먼지 쌓인
철이의 종이비행기
하얗게 날아오르면

둥근달 잡을 수 있을까
화살나무 쏘아 밤하늘 가르고

흘러가는 구름 속
떠 있는 달에게 손짓하며

동산 위 깡통 돌려
하늘 향해 던지며

철이야 석이야 불러보지만
빙그레 웃고 있는 한가위 보름달

초승달

눈썹을 그리다 말고
옷깃 여미더니
발그레한 웃음 띠우며
노란 입술 물들였나

하늘에 떠 있는
님의 얼굴
밤새워 색칠하며
구름 타고 떠 있더니

활짝 웃는 금덩이 만들려
밤을
꼬박
새고
있다

경동시장

인스턴트식품 난무하는
백화점 쇼핑몰 지나
옛 추억 손짓하는
재래시장

추억 속을 걷는다

구수한 사투리 들려오는
골목 안

걸걸한 막걸리 소리 들려오고
고향 남새밭 내음
코끝으로 스쳐 오네

떨이라 외치는 이빨 빠진
할매
허연 웃음 지으며
냉이, 고사리 다듬는
주름진 손등

손주
소꿉장난 밥상에 차려줄
들풀 들 어디갔나

알 듯 모를 듯

알겠다 싶으면 아닌 듯싶고
아닌 듯 싶다가도 알 듯한

멀고 먼 언덕 위
바오밥나무 되어

눈망울 깜박이며
다가가면
자꾸만 멀어지는
그림자로 서성이더니

아지랑이로 피어올라
안개 속에 숨어든다

자화상

은빛 머릿결
바람에 흩날리면

누군가
멀리서 손짓하는 듯

다가가 보면 작아지는

푸른 초원 달리며
뜨거운 삶의 향기 뿜어낼 제
이름 모를 꽃들
잎새 떨구고

흐르는 강물 붙잡지 못해
종이배에 사연 띄워보지만
돌아오는 건
휘파람 소리뿐

그
시간 속에
석류 농익어 간다

버려진 의자

오랜 시간을 같이한 의자

어
느
날

아프다며
일어서지 못하고
주저앉는다

내 땀이 배어 있고
내 손때 묻었던 바닥
먼지만 뽀얗게 피어올라

내 얼굴 바라보며
누군지 알아보지 못하고
그냥,
자국만 남기고 가라 한다

몇 날 며칠
이리저리 보듬어 안고
나사 조인 끝에 일어섰다

아끼는 마음으로
포기하지 않은
마음이
참, 고맙다

비 오는 날

테라스 한켠에 버려진
꺾어진 우산

종량제 봉투에
분리수거함에 들어갈 수 없어

비 오는 날
고쳐 쓰고 싶은 마음에
펜치와 가위 준비하네

마침내
등산용 스틱으로
화분 꽃 지지대로 태어났다

내 몸 가려줄 우산이 되었으면
더 좋을걸

시가 구름 되다

광교산 자락
물소리 들으며
나뭇잎 구르는 소리에
호수 따라 걷는다

바람 따라 물결 찰랑이고
연꽃들 잎새 펼쳐
춤사위 벌이면
도토리
밤송이 웃는다

길옆 수국 시들어 가는데
호수에 앉은 새털구름
가비얍게 떠다닌다

호숫가 풍경 바라보노라면
시가 구름 되어
흘러간다

변순옥 시집 『딸아, 고마워 사랑해』 해설

환상과 허무의 질곡을 벗어난 응집의 미학

김현탁 (문학박사, 협성대 객원교수)

인간의 심성 속에는 상상계, 상징계, 실재계가 상존하며 언어를 통해 환상적 자유를 표출하는 심리적 구조를 가지고 있다고 한다.

상상계는 거울에 투영된 자아를 실존이 아닌 반사된 형상 즉 이미지로 반영된다. 詩作을 한다는 것은 이 상상의 구도에서 시인만의 독특한 상형문자를 그리는 것이라고 할 수 있다. 또한 상징계는 시각에 비친 지각을 바탕으로 사회적 혹은, 개인적인 인식을 시인의 관점에서 형상물로 탄생된다

실재계는 상징에 반하여 보이는 현상에 대해 언어를 통한 재현이 불가능한 현실을 가장 근접한 형상으로 그려내는 것 이라고 볼 수 있다.

변순옥 시인은 잠복하고 있는 존재에 대해 형상물을 채집하여 감수성과 실존을 혼합하여 체계화한 시의 몽타쥬를 결합하는 예민한 시적 상상도를 정제된 시

어로 장식하는 숨결의 파장을 정치된 언어로 장식한다.

  그 과정에는 과거와 현재, 사색의 광야에서 체득한 상처와 환희를 치열한 탐미의 색깔로 소멸되지 않는 빛을 투사하여 기의로 변신하는 시각이 날카롭게 살아 있다. 이 시선의 방향성이 감흥을 일으키고 독자의 전두엽을 자극할 때 비로소 시를 탐독하는 의미가 부여된다.

  그 선상에서 변순옥 시인은 끊임없는 존재에 대한 물음을 던지면서 열린 공간에서 동일시된 대상물을 차별화하여 발견하지 못한 사실성(faktiziltat)에 근접한 시의 유희를 포착하는 탁월한 감각을 보여준다. 비록 시작을 한 시간이 짧지만 인식의 저변에 자리한 예리한 언어 포집이 피뢰침 속으로 침잠하여 서정의 깊은 환기구를 열어준다.

  그 광장, 화자와 청자가 공유하는 지상의 詩 마당에 詩의 꽃이 발화하는 사념의 세계에 잠입해보자.

  별이 지기 전
  흔적을 남겨야 해
  나의 손길로
  너의 가슴에

사랑은

솜사탕처럼

마냥 달콤한 향기인 줄 알았는데

때로는 그 사랑

서리처럼 차가워

온돌방 아랫목을 찾기도 했지

황금빛 벼 익어가는 들녘에서 바라보면

무지개로 피어나는

옛이야기인가

－흔적－ 전문

시의 진수는 모순된 억압 속에 갇힌 냉각된 촉수다. 그 형상이 때로는 자폐적 일 수 있고 때로는 나르시시즘 적 일 수도 있다.

변순옥 시인은 이 시에서 지나온 세월, /별이 지기 전/ 흔적을 남겨야 해/ 로 시작된다. 별의 상징은 무수히 많지만 아름답게 빛나던 순간을 쉽게 떠나보내지 못하는 안타까움을 그려낸다. 그 흔적의 언저리에는 / 솜사탕처럼 /마냥 달콤한 향기인 줄 알았는데/ 마치,

삶이 한 송이 꽃처럼 마냥 피어날 줄만 알았는데, 돌아다보니 /서리처럼 차가워/온돌방 아랫목을 찾기도 했지/ 대조법을 활용하여 그 극명함을 깨닫게 해 주고 있다.

그 저변에는 저녁이 오고 황혼이 깃들면 기나긴 삶의 여정이 색색의 빛으로 피어나는/ 옛 이야기인가/로 집약된다. 이 시의 종결어는 결핍된 자아를 관조하는 사유의 냉철함이 아련한 회한과 각성, 그 이면에 물그림자가 있음을 묵시적으로 표방한다.

소리가
들리지 않아
글로 쓰고
눈으로 말하는 세상

말을 알아들을 수 없지만
손짓하면
고개만 끄덕끄덕

답답해 귀에 꼽아보지만
웅웅거리기만 하고
허황한 세상의 소리

사라지지 않는다

삼켜지지 않는
가시 말
허공에 토해내고
그린나래* 펼친다

* 그런 듯이 아름다운 날개를 뜻하는 우리말

-소리에 갇히다- 전문

  말의 성찬, 말의 표현은 당연히 의사소통의 한 부분이다. 글로서 남긴다는 것은 기록의 일종이지만 말은 굳이 녹음하지 않으면 사라지고 만다. 변순옥 시인은 이 시에서 세상의 과다한 말의 범람, 누구의 말이 옳고 그름을 가늠 할 수 없는 세태를 비웃고 있다.
  시적 표현이 직설화법으로 은유성을 이미지 할 수도 있지만 간접화법으로 강한 방어력을 보여주기도 한다. 불안과 불명확성이 공존하는 그 내면에 고독한 시인의 절규가 자유로운 영혼의 세계를 잠식한 좌절의 그늘을 떨쳐버리고 /그린나래 펼친다/ 는 역설로 비유한다.

살

다

보

면

때로는 독백이 필요해

고생 많았지

머리를 쓸어 넘기며

희뿌연 안개 속

사랑이란 글자를 새긴다

가슴이 쓰리고

얼굴이 붉으락 푸르락 해도

맛깔난 식탁 만들어

괜찮아 괜찮아

심장 토닥이며

그냥 웃지요

    -독백- 전문

누군가에게 말을 할 수 없다는 것, 가슴에 응어리진 것을 토해내야 하는데 대상도 없고 대상이 있더라도 쉽게 내뱉지 못하는 답답함이 배어 있다.

　변순옥 시인은 이 시에서, 삶의 도정에는 소외된 자아, 도피하고픈 현실을 구명해 줄 이 없는 답답한 상황에서 우수어린 정서도, 낭만도, 취 할 수 없는 현실을 상정한다. 그 안에 갇힌 자기 형성과 가능성이 보이지 않는 피안은 어디인가를 찾지만 해답이 없다. 그저 어느 시인의 말처럼 /심장을 토닥이며/그냥 웃지요/로 귀환한다. 그 귀한이 목 놓아 울고 있는 아이의 울음처럼 들리는 건 왜일까.

　　한평생 버무린 얼룩

　　닳고 닳아

　　휘어지고

　　팔십 언저리 세월

　　군데군데

　　패인 흔적

　　황금빛 쌍가락지

　　구릿빛으로

익어가면

흰 물새 날아들어
반지 물어 갈까

조바심에
손가락 여미며
눈빛으로 꾸짖는다

-구릿빛 반지- 전문

　존재의 부정적 양상이 無가 되었을 때 소멸이라면, 부재는 실존적 양상에서 사라진 그 무엇이라고 할 수 있다. 그 중 부재는 이별 혹은 떠남을 의미하기도 한다.
　이 시에서 변순옥 시인은 구릿빛 반지를 매개물로 하여 어머니의 부재를 그리고 있다. 그 부재는 자의에 의해서가 아니라 생명의 원형질이 소멸되었음을 의미하기도 한다.
　극복되지 않는 자기 비애는 단순한 눈물과 한숨으로서의 비애를 떠나 끈질긴 기다림, 아쉬움을, 피동적 버

림당함으로 승화한다. 어머니의 반지는 변증법의 한 페에서 타율적 격리로 수긍하지만 내면에 갇힌 지배적 그리움은 그 무엇으로 바꿀 수 없는 애잔함 표상이다.

흐린 하늘 살포시 열고
새벽을 깨우는
살눈

커튼을 여니
작은 소나무 가지에
살그머니 내려앉아
눈꽃 동산 되어 반긴다

행여
바람에 흩어질까

몰래 찾아든
햇살 시샘할까

조바심에
눈 흘기며

엉겨 붙는다

-살눈- 전문

 마치 한 송이 꽃이 꽃잎을 열고 피어오르는 영상이 그려진다. 또 한편으로는 살포시 웃음 지으며 볼 밝히는 어여쁜 여인의 모습 같기도 하다. 서정시의 묘미가 변순옥 시인이 시의 옷을 입고 가비얍게 춤을 추는듯 하다.
 눈이 내린 풍경을 아가의 보드라운 솜털처럼 앙증맞게 그릴 수 있다는 것은, 그만큼 변순옥 시인만의 감각적 안목이 윤슬처럼 반짝이기 때문이 아닐까. /행여/ 바람에 흩어질까/몰래 찾아든/햇살 시샘할까/ 에 이어, /조바심에/눈 흘기며/엉겨 붙는다/ 대미를 장식하는 시적 기교가 정서적 여과를 거친 압축으로 백미를 장식해 준다.

 살며시 다가와

 나뭇잎 쓰다듬고

 가지마다 살랑살랑

 불어넣어

무더위 식혀주며

춤사위 벌인다

보듬고 끌어안으며

넘어질까 붙잡아주고

괜찮아 속삭이며

서로 다정하니

그렇구나

그래

도담도담 살갑게 살자꾸나

-나무와 바람- 전문

인생사는 결코 혼자만이 존재 할 수 없다. 사회라는 테두리는 나만이 살 수 있는 공간이 아니다. 서로 부대끼며 살아가는 융합의 선상에서 공유해야 하는 필연성이 있어야 함은 당연하다. 언뜻 보면 나무와 바람은 공유 할 수 없는 각각의 자연물이자 자연 현상이지만 변순옥 시인은 현대의 융합이론과 맞닿아 있다.

거부 할 수 없는 공생의 개념이 자연현상에도 존재

하지만 인간에게도 각기 다른 영역이나 불일치의 상황일지라도 공생해야 한다는 교시를 던져주고 있다. 굳이 시의 본질을 논하지 않더라도 그만큼 문학작품은 인간됨의 치유를 위한 훈시의 영역임을 되새기게 한다.

현재의 정치가, 경제가, 서로 탐욕에만 몰두하기보다는 /도담도담 살갑게 살자꾸나/ 로 아기를 달래듯 토닥이는 자장가로 대신한다.

벽과 벽
사이에
등을 대고 앉아

맞은편 유리창 밖
풍경을 바라본다

각진 틀
왜 이리 시원한가

둥근 것이 부드럽다
곡선이 부드럽다
수없이 들었지만

눈꺼풀이 스르르

감긴다

각진 등받이가

왜 이리 편안한가

　　　　－모서리－ 전문

 보이지 않는 곳 틈바구니라 할까, 그곳이 삶의 공간이라는 역설적 화두를 던져주고 있다. 달리 말하면 늘 둥근 것과 반듯하게 각진 곳만 바라보는 인간의 심성에 잠복된, 자극받기 싫어하는 안일한 자세와 마음가짐을 질타하고 있다.

 이 시에서 변순옥 시인은 물질의 실상을 통해 자전적 체험이 미처 발견하지 못한 내면의 나를 일깨우게 하는 투시의 한 방향제가 된다는 사실을 공감하게 한다. 그 인식은 외형적 실재보다는 내면적 실재가 또 다른 깨달음의 대상을 통해 간과해서는 안됨을 잘 투시하고 있다.

시간을 거꾸로 매달고

고향집 사립문 향해 달려간다

먼지 쌓인

철이의 종이비행기

하얗게 날아오르면

둥근달 잡을 수 있을까

화살나무 쏘아 밤하늘 가르고

흘러가는 구름 속

떠 있는 달에게 손짓하며

동산 위 깡통 돌려

하늘 향해 던지며

철이야 석이야 불러보지만

빙그레 웃고 있는 한가위 보름달

고향집 - 전문

  수없이 많은 시인들이 고향을 이야기 한다. 고향 속에는 인간의 근원이, 본성이 모두 자리 잡고 있다. 잊을 수도 버릴 수도 없는 고향은 정신 속에서도 현실 속에서도 미지의 세계가 아니다.

변순옥 시인은 이 시에서 종이비행기를 날리며 미래의 꿈을 꾸던 철수를, 그리고 쥐불놀이하던 정월 대보름날을 기린다. 하지만 모두 떠나고 없는 고향의 하늘 위에 웃고 있는 한가위 보름달만 반긴다.
　현대문명의 발달은 물질 만능에 취해 인간의 귀소본능마저 잊게 하고 자연에 귀의함을 외면하게 한다. 달은 빙그레 웃고 있지만 고향을 향한 시인의 애절한 마음은 쉽게 사라지지 않는다.

　무지개 속에 숨어있는 시의 빛깔이 아름답다는 것은 표현의 다양성 때문이 아닐까, 그 저변에서 시의 언어는 훈장처럼 일침을 놓기도 하고 아우르기도 한다. 소외된 인간의 현장과 대상물의 포집을 통해 가면의 자아를 설득하여 감성의 길목을 열어주기도 하고 산재한 물질과 자연물의 형상을 사유의 세계로 이끌어 표피 안의 내피를 실재의 세계로 환원시키기도 한다.
　변순옥 시인은 문학의 보편성과 주관성 두 요소를 상보적으로 내통하면서 서정과 주지적 관념을 공감성 있게 개념화된 이미지로 천착하고 있다. 단순한 이별이나 서정을 피상적 표현에 머물지 않고 시인만의 고결한 언어로 담아내는 창조와 모방을 포괄하는 문학적 다면성이 작품 전면에 보석으로 안착하고 있다.

그 시심(詩心)에는 공(空)에 갇힌 무(無)를 극복하는 예리한 지각의 중심사상이 유기적 고리로 이음새를 엮고 있기 때문이다.

 첫 번째 발간하는 시집이 관념과 추상을 벗어난 옹골찬 시향으로 널리 꽃피우리라 기대된다.

문비 시인선

1. 『바람과 풀꽃』 최명주 시집
2. 『그리움의 바다』 조동선 시집
3. 『역사속의 영웅』 정영수 시집
4. 『세월의 뜨락』 유향식 시집
5. 『그대가 그리워질 때』 이상열 시집
6. 『관계, 그 제한적 용법』 이상정 시집
7. 『달이 되고 별이 되고』 김경렬 시집
8. 『푸른날의 꿈』 백옥선 시집
9. 『바람의 반말』 고재동 시집
10. 『아름다운 사람에게』 김경은 시집
11. 『내 자리 네 옆자리』 서순석 시집
12. 『광 파는 사람』 변상금 시집
13. 『빙하기에 찾아온 손님』 김봉희 시집
14. 『엄마의 텃밭』 김주현 시집
15. 『누름돌』 김동석 시조집
16. 『레스피아에서 선녀를 만나다』 이승해 시집
17. 『꽃비 흩날리면』 유향식 제2시집
18. 『언론이 선정한 한국을 빛낸 명詩 45인선』
19. 『향수 호수길』 조동선 시집
20. 『느티나무와 아버지』 김동석 제2시조집
21. 『내 마음의 별』 서림 시집
22. 『꽃 핀 자리』 유기순 시집
23. 『그림움이란 씨줄에 사랑의 날줄 놓아』 임상근 시집
24. 『언론이 선정한 한국을 빛낸 명詩2』
25. 『팔도유람』 김동석 제3시조집
26. 『소야 생각』 한희숙 시집
27. 『팔도유람(2)』 김동석 제4시조집
28. 『올로』 이상정 제12시집
29. 『마음의 향기를 그대에게』 박인걸 시집
30. 『무인 cafe』 안병효 시집
31. 『대나무밭 피리 소리』 신용식 시집
32. 『매화시첩』 김운기 시집
33. 『아름다운 동행』 임영희 시집
34. 『바람의 소란』 남지현 시집
35. 『다시 그린 수채화』 유향식 제3시집
36. 『책을 마시고픈』 유은자 시집
37. 『가을새 울며 날아갈 제』 윤민영 시집
38. 『길을 묻는 그대에게 소야 생각 詩 선집』 한희숙
39. 『딸아, 고마워 사랑해』

문비 수필선

1. 『아내의 외출』 윤달현 수필집
2. 『병상에 피어난 목련』 김경렬 수필집
3. 『그래도, 사랑이 그립다』 김창열 수필집
4. 『블라디 보스톡에서 헬싱키까지&탈린』 이상정 여행집
5. 『기억에 강에 머무는 것들』 김은주 에세이집
6. 『세월의 모래밭에 묻힌 사랑』 임화수 수필집
7. 『언론이 선정한 한국을 빛낸 명수필』 -31인 수필선
8. 『바람불어 꽃씨 날리면』 김은주 포토에세이
9. 『아무러한 날들의 오후를 걷다』 황금모 수필집
10. 『그리워 다시 일어선다』 김명재 수필집
11. 『지붕끝에 메달린 호박』 양향ုာ 수필집
12. 『고향의 무지개』 염성연 수필집
13. 『旅路 나그네』 박태수 여행집
14. 『활짝 웃어요』 박광아 수필집
15. 『神들의 故鄕 코카서스 세 나라』 박태수 여행집2

문비 소설선

1. 『운동장』(1, 2권) 김단월 장편소설
2. 『소설 이만희』 김현탁 장편소설
3. 『첫 눈』 김현탁 소설집
4. 『미망』 장 진 소설집

딸아, 고마워 사랑해 변순옥 시집

인쇄 | 2025년 5월 10일
발행 | 2025년 5월 15일

지은이 | 변순옥
펴낸이 | 김영민
편집디자인 | 김영민
펴낸곳 | 문화짱
출판등록 제377-2015-000064호

주소 16489) 경기도 수원시 팔달구 인계로
      124번길 27-17, 화인빌딩 603호
전화 031-224-2075, 010-2606-2075
팩스 031-232-3074
메일 2075kht@hanmail.net

ISBN 979-11-90558-47-1

★ 이 책의 내용은 저작권법에 의해 무단 전재 및 복제를 금합니다.
★ 인지는 저자와 협의하여 생략합니다.
★ 잘못 만들어진 책은 교환해 드립니다.

정가 12,000원